Der Bücherbär
1. Klasse

Liebe Eltern,

jedes Kind ist anders. Manche Kinder kennen bereits alle Buchstaben in der Vorschule und können erste Wörter lesen. Andere Kinder lernen das Abc in der Schule. Für das spätere Leseverhalten ist es jedoch völlig unerheblich, wann die Kinder das Alphabet meistern. Wichtig aber ist der Spaß am Lesen – von Anfang an. Deshalb ist das Bücherbär-Erstleserprogramm konzeptionell auf die Fähigkeiten und Bedürfnisse der Kinder abgestimmt.

Dieses Buch richtet sich an Leseanfänger in der 1. Klasse. Die besonders übersichtlichen Leseeinheiten und kurzen Zeilen sind ideal zum Lesenlernen. Das Hervorheben der Sprechsilben in Dunkelblau/Hellblau hilft dabei, ein Wort richtig zu lesen und zu verstehen. So können Leseanfänger jede Sprechsilbe erkennen: Idee, Radio. Zusätzlich regen lustige Rätsel und Verständnisfragen zum Nachdenken und zum Gespräch über die Geschichten an. Denn Kinder, die viel Gelegenheit zum Sprechen haben, lernen auch schneller lesen.

Ihr Bücherbär

Empfohlen von *westermann*

Maja von Vogel

Pferdegeschichten

Mit Bilder- und Leserätseln

Bilder von Julia Bierkandt

Maja von Vogel
wurde 1973 geboren und wuchs im Emsland auf.
Sie studierte Deutsch und Französisch, lebte ein Jahr in Paris
und arbeitete als Lektorin in einem Kinderbuchverlag, bevor
sie sich als Autorin und Übersetzerin selbstständig machte.
Heute lebt Maja von Vogel in Norddeutschland.

Julia Bierkandt
wurde in Süddeutschland geboren und wuchs in Luxemburg
auf. Sie studierte Modedesign und arbeitete viele Jahre als
Designerin für Kinderbekleidung. Daraus entstand ihre Leidenschaft
für Illustrationen, die die schönste Zielgruppe der Welt
ansprechen – Kinder. Heute lebt Julia Bierkandt mit
ihrem Mann und ihren Kindern in Reutlingen.

Ein Verlag in der *westermann* GRUPPE

MIX
Papier aus verantwortungsvollen Quellen
FSC® C110508

www.blauer-engel.de/uz195
· ressourcenschonend und umweltfreundlich hergestellt
· emissionsarm gedruckt
· überwiegend aus Altpapier
Dieses Druckprodukt ist mit dem Blauen Engel ausgezeichnet

Der Bücherbär
1. Auflage 2022
© 2022 Arena Verlag GmbH,
Rottendorfer Straße 16, 97074 Würzburg
Alle Rechte vorbehalten
Text: Maja von Vogel
Cover- und Innenillustrationen: Julia Bierkandt
Gesamtherstellung: Westermann Druck Zwickau GmbH
Printed in Germany
ISBN 978-3-401-71671-8

Besuche den Arena Verlag im Netz:
www.arena-verlag.de

Inhaltsverzeichnis

Mia traut sich was   10

Das Matsch-Monster   18

Ein traumhaftes Abenteuer   26

Wo steckt Milli?   35

In diesen Geschichten spielen mit:

Mia und Schoki

Fohlen Rex, Küken Kai und Katze Liese

Lara und der Schimmel

Caro, Liv und Milli

Schwierige Wörter:

okay*
*sprich: okej

cool*
*sprich: kuhl

fauchen

die Fußsohle

die Hufspuren

Muffins*
*sprich: Maffins

Mia traut sich was

Mia und ihr Bruder Paul
machen Ferien
auf dem Reiterhof.
Heute ist ihr erster Tag.
„Lust auf einen Ausritt?",
fragt Reitlehrerin Anna.
„Cool!", ruft Paul.

Er reitet schon länger
und hat nie Angst.
Mia schon.
Anna zeigt auf
eine braune Stute.
„Das ist Schoki", sagt sie.
„Du reitest heute auf ihr."
Mia schluckt.

„Wetten, du hast Schiss?"
Paul sitzt schon im Sattel
und grinst.
Mia hat einen Kloß im Hals.
Schoki ist riesig.
Wie soll sie da raufkommen?

„Wie wäre es, wenn du erst mal mit Schoki spazieren gehst?", schlägt Anna vor.
„Damit ihr euch kennenlernt."
Mia nickt zögernd. „Okay."
Paul und die anderen Kinder reiten gerade vom Hof.

Mia nimmt Schokis Zügel
und marschiert in den Wald.
„Super!" Anna lächelt Mia zu.
Auf einer sonnigen Lichtung
halten sie an.
„Willst du mal aufsteigen?",
fragt Anna.
Mia nickt zögernd.

Warum geht Mia mit Schoki spazieren?

„Huch, ist das hoch!",
ruft Mia erschrocken.
Ihr Herz klopft wie wild.
„Magst du zurückreiten?",
will Anna wissen.
„Ja", sagt Mia tapfer.
Sie krallt sich an den Sattel.
„Entspann dich", sagt Anna.

Mia lässt den Sattel los.
Es geht! Mia lächelt froh.
Als sie zum Hof kommen,
ist Paul schon da.
„Du reitest ja!",
ruft er verblüfft.
Mia grinst. „Na klar.
Ich trau mich eben was!"

Hier gibt es viele Dinge. Was braucht man zum Reiten?

Das Matsch-Monster

Fohlen Rex langweilt sich.
Die anderen Pferde dösen
in der Sonne.
„Wie öde!", wiehert Rex.
Er stupst gegen das Gatter
und schnaubt überrascht.
Es schwingt auf!
Fröhlich trabt Rex los.

Küken Kai saust zu Rex
und hüpft auf seinen Kopf.
„Hüa!", ruft Kai.
Rex dreht eine Runde.
Kai piepst begeistert.
Da huscht ein Schatten
über den Hof.
Es ist Liese, die Katze!

Sie macht einen Buckel
und fährt die Krallen aus.
Rex stoppt, und Kai purzelt
von seinem Kopf.
Die Katze faucht.
Hilfe! Was nun?
Rex wackelt mit den Ohren
und wiehert, so laut er kann.

Liese springt davon,
und Kai flitzt in den Stall.
Rex schnaubt erleichtert.
Er trabt zum Haus.
Und was sieht er dort?
Auf dem Fensterbrett
steht eine Schale
mit knackigen Äpfeln.

Rex läuft das Wasser
im Maul zusammen.
Er stibitzt einen Apfel
und beißt krachend hinein.
Plötzlich hört er ein Grunzen.
Die Schweine suhlen sich
hinter dem Haus im Schlamm.
„Mach mit!", rufen sie.
„Das ist saugemütlich!"

Rex nimmt Anlauf
und springt in den Schlamm.
Es spritzt nach allen Seiten.
„Jupidu!", wiehert Rex.
Dann blickt er in eine Pfütze
und bekommt einen Schreck.

„Hilfe, ein Matsch-Monster!"
Rex rast zurück zur Koppel.

Was sieht Rex in der Pfütze?

Er erzählt den anderen,
was er erlebt hat.
„Das warst du selbst",
wiehert ein Pferd und lacht.
Rex schnaubt überrascht,
dann lacht er mit.

Hier stimmt etwas nicht.
Findest du sechs Fehler?

Ein traumhaftes Abenteuer

Lara liegt im Bett und hustet.
Sie fühlt sich sehr schlapp.
Dabei wollte sie doch
heute zur Reitstunde!
„Daraus wird nichts",
sagt Mama.
„Lies ein bisschen."
Lara gähnt.

Lesen ist langweilig.
Aber schlafen ist
noch langweiliger.
Lara nimmt ein Buch
und schlägt es auf.
Auf der ersten Seite
ist ein Bild
von einem Schimmel.

Lara liest:
„Es war eine dunkle Nacht.
Im Wald war es ganz still …"
Da spürt sie feuchtes Gras
unter den Fußsohlen.
Nanu, was ist das?
Laras Bett ist verschwunden.
Sie steht in einem Wald.

Im Nachthemd!
„Wo bin ich?",
wundert sich Lara.
Ein weißes Pferd
galoppiert auf sie zu.
„Hilf mir!", wiehert es.
„Der böse Drache
ist hinter mir her."

Lara überlegt nicht lange.
Sie springt auf. „Lauf!"
Das Pferd rennt los.
Die Bäume fliegen vorbei.
Lara krallt sich in die Mähne.
Der Drache faucht
und spuckt Feuer.
„Schneller!", ruft Lara.

Vor ihnen taucht
ein Wasserfall auf.
„Was jetzt?",
wiehert das Pferd.
„Spring!", ruft Lara.
Das Pferd macht einen Satz.
Es springt durch
den Wasserfall hindurch!

Zum Glück landen sie
in einer Höhle.
Der Drache bleibt zurück.
„Gerettet!", ruft Lara.
„Danke", sagt der Schimmel.

Lara blinzelt.
Sie ist wieder in ihrem Bett.
Hat sie alles nur geträumt?

Lächelnd streicht sie
über das Buch.
Lesen ist langweilig?
Von wegen!
Lara freut sich schon
auf das nächste Abenteuer
mit dem weißen Pferd.

Warum kann Lara nicht zur Reitstunde?

Die Bilder hängen falsch.
Finde die richtige Reihenfolge.

Wo steckt Milli?

Caro stürmt in den Stall.
„Milli ist weg!", ruft sie.
„Sie ist ausgebüxt."
Liv springt auf.
„Wir müssen sie suchen!"
Milli ist das süßeste Pferd
auf dem ganzen Hof.
Und das frechste.

Ständig stellt sie etwas an.
Caro und Liv rennen los.
Sie laufen zur Weide.
„Da! Hufspuren!", sagt Liv.
Die Mädchen folgen ihnen
bis zur Straße.
Kein Pferd weit und breit.
Die Straße führt ins Dorf.

„Sieh mal!", ruft Caro.
Vor einem Haus steht Milli.
Mitten im Blumenbeet!
Ein Mann stürzt aus dem Haus.
„Hau ab, du freches Biest!",
schimpft er.
Schnell führen Caro und Liv
das Pferd weg.

„Der Mann war echt sauer",
sagt Caro bedrückt.
Liv nickt.
„Ich hab eine Idee!"
Sie pflücken ein paar Blumen,
die am Wegesrand wachsen,
und kehren zum Haus zurück.

Caro klingelt.

Ihr Herz klopft heftig.

Ob der Mann noch wütend ist?

Die Tür geht auf.

„Die sind für Sie!"

Liv überreicht den Strauß.

„Tut uns leid, dass Milli
die Blumen zertrampelt hat."

Warum war der Mann sauer auf Milli?

Der Mann lächelt.
„Wie nett von euch. Wartet!"
Er verschwindet in der Küche
und holt zwei Muffins.
„Danke!", rufen Caro und Liv.
Erleichtert beißen sie
in ihre Muffins.
Lecker!

Lösungen

Seite 14:
Sie sollen sich kennenlernen.

Seite 17:
Diese Dinge braucht man
zum Reiten:

Seite 24:
Rex sieht sein Spiegelbild
in der Pfütze.

Seite 25:
Hier siehst du die sechs Fehler.

Seite 33:

Weil sie sich schlapp fühlt

und hustet.

Seite 34:

Das ist die richtige Reihenfolge:

Seite 39:

Weil Milli die Blumen

in seinem Beet

zertrampelt hat.

Seite 41:

Hier siehst du die fünf Äpfel.

Eine durchgehende Geschichte in Kapiteln

Beste Freunde und ein tolles Abenteuer	Ferien mit Lotti, dem kleinen Pony	Gefahr in der Gepardenschlucht	Zwei Meermädchen und ein flossenstarkes Abenteuer
978-3-401-71587-2	978-3-401-71692-3	978-3-401-71369-4	978-3-401-71610-7

Jeder Band: Ab 5/6 Jahren • Eine durchgehende Geschichte in Kapiteln • Durchgehend farbig illustriert • 48 Seiten • Gebunden • Format 17,5 x 24,6 cm

Innenseite aus »Beste Freunde und ein tolles Abenteuer«
978-3-401-71587-2

Diese Reihe richtet sich an Leseanfänger in der 1. Klasse. Mit der großen Schrift, den kleinen Kapiteln und den vielen farbigen Bildern macht das erste Lesen viel Spaß.

Empfohlen von westermann

Der Bücherbär
1. Klasse

Themengeschichten mit Silbentrennung

Die kleine Eulenhexe
Lustige Abenteuergeschichten
978-3-401-71735-7

Ponygeschichten
978-3-401-71568-1

Schulgeschichten
978-3-401-71563-6

Missi Moppel
Krimigeschichten
978-3-401-71668-8

Jeder Band: Ab 6 Jahren • Themengeschichten mit Silbentrennung • Durchgehend farbig illustriert • 48 Seiten • Gebunden • Format 17,5 x 24,5 cm

Innenseite aus »Die kleine Eulenhexe« ISBN 978-3-401-71735-7

Diese Reihe ist auf die Fähigkeiten von Leseanfängern abgestimmt: Übersichtliche Leseeinheiten und kurze Zeilen sind ideal zum Lesenlernen. Das Hervorheben der Sprechsilben hilft dabei, ein Wort richtig lesen und verstehen zu können.

Empfohlen von westermann